강여울 | 풀씨처럼 | 7

이별은 더
큰 만남으로

오혜령 · 영성묵상기도집

도서출판
이유

오혜령 영성묵상기도집

| 강 여 울 | 풀 씨 처 럼 | 7

이별은 더 큰 만남으로

ⓒ 도서출판 이유 2003

글쓴이 · 오혜령
펴낸이 · 김래수

초판 인쇄 · 2003. 11. 25
초판 발행 · 2003. 11. 30

기획 · 정숙미
편집 · 김성수 · 한진영
북디자인 · N.com (749-7123)
분해, 제판 · 성광사 (2272-6810)
인쇄 · 청송문화인쇄사 (2676-4573)

펴낸 곳 · 도서출판 이유
주소 · 서울특별시 동작구 상도5동 103-5 성은빌딩 3층
전화 · 02-812-7217 팩스 · 02-812-7218
E-mail · eupub@hanafos.com
출판 등록 · 2000. 1. 4 제20-358호

ISBN 89-89703-41-7 04230
ISBN 89-89703-34-4(세트)

| 강 여 울 | 풀 씨 처 럼 | 7

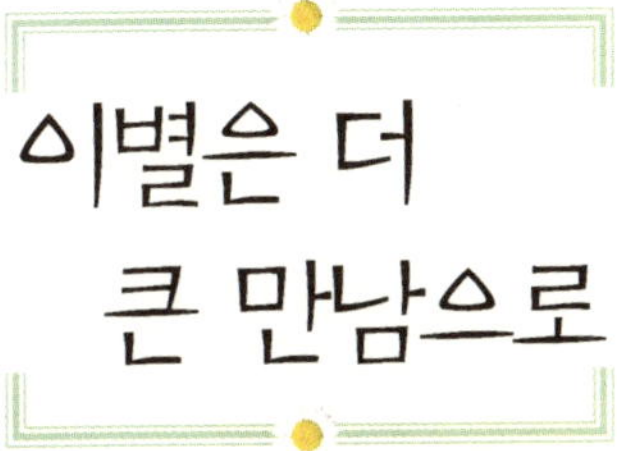

이별은 더 큰 만남으로

오혜령 · 영성묵상기도집

기도하기 위해 기도하고

참 감사합니다, 주님

정말 즐겁고 기쁩니다

진실로 행복합니다

기도시 쓰기 전에 기도하고 당신을 만납니다

기도시 부르느라 기도하고 당신 말씀 듣습니다

그 기도시를 교정하며 기도하면서

다시 당신을 뵙습니다

다른 기도시 쓰기 위하여

당신 말씀 또 듣고 기도합니다

기도시간 되어 기도하고,

이튿날 몫을 준비하기 위하여

거듭거듭 기도합니다

진심으로 감사합니다

기도하는 기쁨으로

들어가게 해 주심을 감사합니다
당신께 다 털어 놓고
홀가분해지게 해 주심을 감사합니다

주님, 이번 한 달도
감사하며 기쁘고, 감사하며 행복하고
감사하며 평안하고, 감사하며 의미체험하고
감사하며 찬양하게 해 주십시오
성령께서 불러 주시면
제가 제대로 들어
불러 주신 대로 쓸 수 있게 해 주시고
기도가 되게 하신 내용 그대로
영광 받으십시오

아멘

이별은 더 큰 만남으로

♣ 새 사람을 입으십시오. 이 새 사람은
자기를 창조하신 분의 형상을 따라
끊임없이 새로워져서,
참 지식에 이르게 됩니다. (골 3:10)

빛이 영혼의 밀실에

에너지의 원천이신 성부 하나님,

당신의 힘이 흘러넘치는 정경을 보나이다

당신 에너지가 범람하는 소리를 듣나이다

'자화에너지' 의 빛이

살을 파고들어옴을 느끼나이다

주소서, 아버지, 에너지를 주소서

주옵소서, 아버지,

뗄래야 뗄 수 없는

'자화에너지' 의 자성을 입게 하옵소서

사랑의 샘이신 성자 하나님,

당신의 사랑이 솟구치는 장관을 보나이다
당신 사랑이 쏟아지고 부어지는
소리를 듣나이다
'금일화에너지'의 빛이 영혼의 밀실에
가득차고 있음을 느끼나이다
주소서, 주님, 사랑을 주소서
주옵소서, 주님, 종말론적 완성에 선참케 하는
'금일화에너지'의 자기를 띠게 하옵소서

변화의 원동력이신 성령 하나님,
당신의 능력이 역동하는 현장을 보나이다
당신 영능이 종횡무진 뻗치는 소리를 듣나이다

'존재변형에너지'의 빛이
존재의 심연에 스며들고 있음을 느끼나이다
주소서, 성령이여, 능력을 주소서,
주옵소서, 성령이시여,
새 사람을 탄생시키는
'존재변형에너지'의 자력을 부어 주옵소서

충만과 비움의 교환을 통하여
그리스도의 영성을 이루도록
은총을 베풀어 주시는 삼위 하나님,
애타실존, 위타실존,
이타실존, 먹거리실존을 사시는
당신의 존재양식을 본따,
하나님나라 전부, 삼위일체와의 관계 전부,
말씀 전부를 살게 하옵소서
그리하여 '오늘의 영원화'와 '오늘의 자유화',
'오늘의 구원화'를 실현하게 하옵소서   † 아멘

♣ 내가 주님의 영을 피해서 어디로 가며,
주님의 얼굴을 피해서 어디로
도망치겠습니까? (시 139:7)

아! 얼마나,
얼마나 더 오래

내 주 하나님,
여름가뭄에 땅이 갈라집니다
목장의 소들이 헐떡거립니다
잎새들이 탄력을 잃고 늘어집니다
삭열하는 여름태양이
당신이 주신 생명을 버리도록
동기를 부여합니다
종일 구름 한 조각
가까이 오지 못하게 하며
태양이 횡포를 부립니다

지하수의 물이 말라 붙어
한 잔의 물이 그리워집니다
아, 얼마나, 얼마나 더 오래
애를 태우시렵니까?

내 주 하나님,
저희는 걸핏하면 하늘을 올려다봅니다
비가 오지 않아도
비가 너무 쏟아져도
당신 계신 곳을 올려다보며
당신의 도우심을 애타게 기다립니다
당신의 현존을 인식하는 것이지요
당신이 살아계심을
잘 알고 있다는 행위이지요
당신께서 거기
하늘에 계시지 않는다면
어떻게 저희의 눈길이
그 곳으로 쏠리겠습니까?
저희는 알게 모르게

당신께 사로잡힌 몸입니다

내 주 하나님,
저는 한때 당신 현존체험을
하고 싶어 안달했지요
당신은 저를 이미 만나셨다는데
저는 만난 기억이 없었거든요
그러나 마침내 저는 알아내고야 말았습니다
당신이 안 보실 만한 곳으로
요나처럼 피해다니던 때,
당신이 못 찾으실 곳으로
요나처럼 도망치던 때,
전 당신 현존 안에 있었음을
깨달았습니다
살아 계신 당신의 눈길을
피하려고 했던 것,
당신의 얼굴을 떠나
어디론가 도망하려고 했던 것,
그것 자체가 현존체험임을 알았습니다

당신이 안 계시다면
어떻게 제가 그 현존에서
도망칠 수 있겠습니까?
저는 태어날 때부터
당신께 사로잡힌 몸입니다

내 주 하나님,
당신 현존의 그늘에서 쉬기도 하고
당신 현존을 피하기도 했던 저는
이제 오직

당신 현존에 사로잡히기를 바라며
당신을 그리워합니다
제 생각, 제 행동, 저의 삶 전체가
당신에 의해서만 사로잡히고 싶습니다
당신 외에 그 어떤 것에도
붙들리지 말게 해 주십시오
당신 앞에서, 당신 곁에서,
당신 안에서만
살고 싶은 이 몸,
아, 얼마나, 얼마나 더 오래
기다리게 하시렵니까?   ✝ 아멘

♣ 주님께서는 내 통곡을 기쁨의 춤으로
바꾸어 주셨습니다. (시 30:11-12)

슬픔의 상복을 벗기시고

하나님,

육십 평생, 정말 많이도 울었습니다

제 일생은 통곡의 한 마당이었습니다

하오나 저는 일평생

끊임없이 웃었습니다

제 일생은 기쁨의 잔치였습니다

눈물 속에 기쁨 있고

기쁨 가운데 슬픔이 날갯짓했습니다

기쁨 때문에도 울고

슬픔 때문에도 웃었습니다

슬픔 있는 곳에도 항상 기쁨 있고

기쁨 오는 곳에도
언제나 슬픔이 도사리고 있었습니다
그러나 이제 당신은
제게서 슬픔의 상복을 벗기시고
기쁨의 나들이옷을 갈아입히셨습니다
영원히 당신을 찬미합니다

하나님,
무더운 날, 몹시 추운 날은
그 날들을 건너뛰고 싶을 때가 있었습니다
슬픔의 시간을 베어 버리고 싶을 때도 있었습니다
그러나 그 슬픔과 함께 있는 기쁨 때문에
결코 슬픔을 잘라낼 수 없음을
알게 되었습니다
슬픔이 숨고 기쁨이 드러날 때까지
참고 기다리는 것입니다
통곡이 춤으로 변하길
희망하는 것입니다
슬픔과 눈물과 괴로움은

일생의 한 단면일 뿐,

그것이 전부는 아님을 압니다

그러나 그것들을 기쁘게 직면해야 하며

그 반대편에 기쁨과 웃음과 즐거움이 있음을

미리 보는 것이 신앙임을 깨달았습니다

슬픔은 까닭없이 존재하는 것이 아니더라고요

슬픔이 올 때, 그것을 발판 삼아

기쁨을 희망하게 되더라고요

하나님,

저는 오히려 슬픔중에

당신과 더 깊게 사귀었습니다
그러나 이제 당신은
제가 괴로움 안에 존재하는 기쁨을 알고
당신께 온전히 맡긴 사람의
기쁨도 알게 되자,
슬픔의 상복을 완전히 벗기셨습니다
제 영혼이 어찌 잠잠할 수 있겠습니까?
이제 다시 당신이 제게 베옷을 입히신다 해도
언젠가는 잔치옷으로
바꿔 입히실 것을 믿습니다
오, 기쁨 위에 기쁨을 더해 주십시오   † 아멘

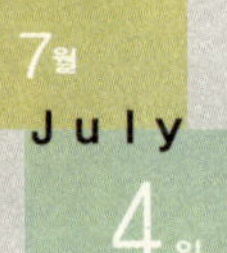

마음을 뒤집어 보일 수만 있다면

아버지,

당신은 자녀를 많이 기르시다 보니

별의별 괴로움을 다 겪으셨죠?

당신의 오른쪽 자리를 탐내서

당신 비위를 맞추려는 흉한 몰골을 보셨습니다

당신의 왼쪽 자리를 예약하고자

형제들과 다투는

볼썽사나운 꼴도 마주치셨습니다

요즘 이 나라의 재벌들의 가문도

재산싸움 때문에

형제간의 불목이 심하게 불거집니다
몇 푼 안 되는 유산을 놓고
칼부림하며 싸우다가
이미 세상을 떠난 부모의 얼굴에
침을 뱉는 일이 허다합니다
이런 땐 한 푼도 물려줄 것 없는
가난뱅이 부모가
최상의 평화의 사도가 됩니다
을씨년스럽고 무시무시한
세상 풍경입니다
이런 말 들을 때마다
어서 당신 곁으로 가고 싶습니다

아버지,
오늘도 당신 속깨나 썩인
집 나간 아들 이야기 때문에
눈시울 적시고 있습니다
일찌감치 자기 몫을 단단히 챙겨
당신을 떠난 탕자는

흥청망청 방탕생활 끝에
제정신 들어
결국은 당신께로 왔지요
이제나 올까 저제나 올까
기다리시던 당신은,
초라해진 거지행색의 아들을
멀리서도 알아보시고 달려가
목 껴안고 입맞추십니다
반지 끼우고 신을 신기십니다
가장 좋은 옷을 입히신 후
큰 잔치 베푸십니다
살진 송아지 잡고 풍악 울리십니다
새 삶을 결심하지도 않았는데
잘못했다는 말 한 마디에,
탕자가 당신 가슴에 깊이 박은 못 하나,
아무렇지 않게 뽑으십니다
잃었다가 되찾은 아들만을 생각하십니다
아, 당신 마음을 뒤집어 보이셨다면
그 아들은 못자국을 보았을 텐데요!

아버지,
그런데 더 심각한 불효는
집에 남아 있던 탕자의 형입니다
그 무정과 비정,
형제애 없음을 보며
곧 제 자신을 들여다봅니다
당신을 섬긴 충직한,
당신 명령을 어긴 일 없는 순종,
당신 것을 아낀 근검절약정신,
오직 일만 해온 근면의 일생을
자랑하며 화를 내고 있군요
사랑이라곤 눈곱만큼도 없이

오직 아버지를 위한 일만 한
불쌍한 큰아들이 영락없는 저입니다
당신은 장자의 몫을
둘째아들에게 주신 것 아니잖아요?
남은 것은 다 자기 것인데
무엇이 못마땅한 거죠?
이런 때 당신 마음을
뒤집어 보이고 싶으시겠죠?

아버지,
제게도 이런 일들이 자주자주 일어난답니다
순종하지 않고 방황하던 아이,
돈 없어 쩔쩔매는 아이,
아파서 신음하는 아이에게
마음 쓰고 신경 써 주고
감싸안아 줄 때마다
원성이 자주 들립니다
고분고분하고 열심히 일하고
용돈 아껴 쓰고

아픈 티 내지 않는 아이나,
속 썩이는 아이를 똑같이
공평하게 대해 주는
제 태도를 못마땅해 합니다
탈선해서라도 시선을 집중시키고
일부러 감기들어서라도
관심을 끌어야 하겠다고
으름장을 놓습니다
유순하고 성실하며
말썽부리지 않으며
항상 제 옆에서 섬기는 아이를
더 사랑하는 게 당연하잖습니까?

아버지,
함께 살고 있는 것,
그것이 기쁨이고 행복이 아니겠습니까?
어떤 어머니나 아버지가
자식이 죽기를 바라겠습니까?
열 손가락 깨물면 안 아픈 손가락 없지만

더 아픈 손가락도 있어서,
당신도 덜 사랑하는 자식이
있다고 하지 않으셨습니까?
일일이 입으로 표현하기를 원하는
아이들의 미숙을 나무라기 전,
형제애를 가지라고 애원하고 싶습니다
잃었다가 되찾은 형제에 대한 기쁨을
함께 누리자고 호소하고 싶습니다

아버지,
마음을 좀 뒤집어 보일 수 있게
만드시지 그러셨어요?   †아멘

♣ 악한 귀신이 어떤 사람에게서 나와 쉴 곳을
찾아서, 물 없는 곳을 헤맸으나 찾지 못하고,
'내가 나온 집으로 되돌아가겠다.' 하고
말한 후에 돌아와서 보니, (마12:43-45)

빈 집은 죽음의 집

먹히우는 실존으로

우리 안에 들어오고자 하시는 주님,

당신의 가난과 비우심을 곰곰이 새기며

장마철의 장대비 같은 눈물을 흘리고 싶습니다

자존심을 소금반 건드러도 펄펄 뛰며

아직도 묵은 자아를 못 버린

저희의 교만과 악함을 바라보며

펑펑 울고 싶습니다

주님,

자주 들어오는 악령을 막지 못해서

너무 쉽게 넘어집니다
실은 악령의 시험을 못 물리치는
저희의 마귀적 성품이 문제인 것 같습니다
저희의 죄악된 성품과 걸맞는 마귀를 불러들여
당신께와 형제들에게
죄를 지었습니다
이 큰 죄인을 용서해 주십시오

충만 자체이신 주님,
당신은 다 비우셨기에 충만하십니다
하지만 저희는 조금도 비우지 못하여
허접쓰레기로 가득차 있습니다
물욕, 정욕, 명예욕, 탐욕,
온갖 욕심으로 뭉쳐진 덩어리입니다
자만, 교만, 거만, 오만으로
가득차 있습니다
들은 말씀, 읽은 말씀,
본 말씀을 다 쫓아낸 빈 영혼에
자신의 죄목에 맞는 귀신들을 불러들여 채움으로써

스스로 불행을 끌어들이고 있습니다
영혼의 집을 비우지 않도록 도와 주시고
잠시 비울 때라도
즉시 성령을 가득 채워 주십시오

비움 자체이신 주님,
당신은 다 비우셨기에 충만이십니다
그러나 저희는 분별력이 없어서
비움과 충만을 혼동합니다
평안하고 사건 없는 날을
안전한 때라고 생각합니다
경계심이 무너지고 해이해지고
헛된 생각에 빠져 시간을 죽이고 있는 때가
위기임을 알아차리지 못합니다
호시탐탐 기회를 엿보는 악령에게
빈 영혼을 몽땅 팔아 치우고 나서야
비로소 위기의식을 갖습니다

오 주님,

성령을 가득 부어 주셔서
저희의 영혼을
빈 집 되지 않게 해 주십시오
빈 집은 멸망의 집,
빈 집은 죽음의 집임을
깨닫게 해 주십시오   † 아멘

♣ 우리가 지금 겪는 일시적인
   가벼운 고난은, 비교할 수 없을 정도로
영원하고 크나큰 영광을 우리에게
          이룩해 줍니다. (고후 4:16-18)

보이는 것은 잠시뿐

새로움과 아름다움으로

날마다 저희에게 와 계신 주 하나님,

열린 문 사이로 멀찌감치 보이는

한 해의 끝 자리에 눈길이 머물자

소스라치게 놀라며 정신을 차리게 됩니다

새로운 달을 시작하며

중생한 영적 실존을 열망하도록

의욕을 북돋아 주시니 감사드립니다

영광을 향해 가는 길목에서

잠시뿐인 가벼운 고난을

참도록 희망을 주십시오
겉사람의 낡음을 벗어 버리고
속사람의 새로움을 입도록
도와 주시고
가벼움으로 당신 앞에
서게 해 주십시오

영원으로 인도하시는 주 하나님,
보이는 것은 잠시뿐이요
보이지 않는 것은 영원임을,
고난은 가벼운 것이며
영광은 큰 것임을,
일깨워 주시니 감사합니다
현세에서 받는 고난은
장차 받을 영광에 비하면
순간임을 새삼스레 깨달으며
한량없이 크고 무한한
영광을 바라봅니다
보이는 것은 사라지지만

보이지 않는 것은 영원함을 믿으며
속사람의 쇠함에 실망치 않고
겉사람의 새로움에 희망을 둡니다
보이지 않는 영원에
무궁한 가치를 부여하게 하소서

내 주 하나님,
나이를 먹으면 겉사람은 점점 시들어가나
속사람은 새로워져야 한다는 것을
알고 있습니다
늙을수록 더욱 사랑스러운 영혼이
되게 해 주십시오

생은 무덤을 향해 갈지라도,

영혼은 당신을 향해 오르게 해 주십시오

하나님나라의 승리를 바라보며

당신의 뜻을 따르는 삶에서

궁극적 만족을 얻게 해 주십시오

육체의 아름다움이 줄어드는 대신,

영혼의 아름다움이 불어나게 해 주십시오

나날이 새로워지는 속사람을 보며,

쇠약해지는 겉사람에

낙심하지 말게 해 주십시오 †아멘

♣ 그러나 그리스도의 성령을 모시지
못한 사람은 그리스도의
사람이 아닙니다. (롬 8:9-13)

그리스도의 사람

하나님의 성령이시여,

오늘 우리에게 오시옵소서

우리 안에 들어오시옵소서

머무시옵소서

머무시며 감화시켜 주시옵소서

당신을 모시지 못하면

그리스도의 사람이 아니라고요?

주님과 올바른 관계에 있지 못하면

당신은 오시지 않는다고요?

오, 당신의 힘으로써

육체의 악한 행실을 죽이게 해 주시옵소서

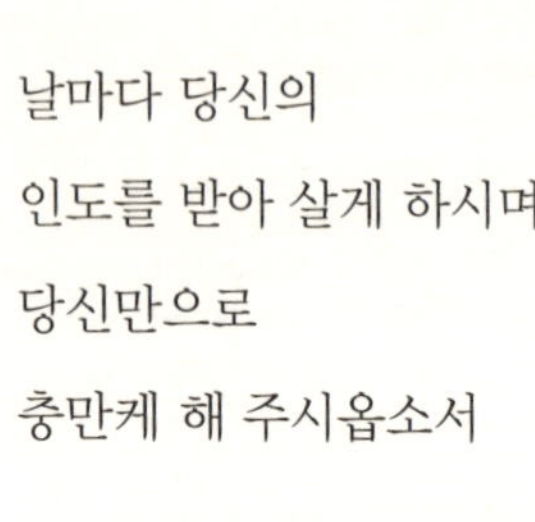

날마다 당신의
인도를 받아 살게 하시며
당신만으로
충만케 해 주시옵소서

그리스도의 성령이시여,
오늘 우리에게 오시옵소서
우리 안에 들어오시옵소서
들어오시어 머무시옵소서
육신을 따라 사는 사람은
하나님의 원수가 된다고요?
육체를 따라 사는 사람에게는

당신께서 오시지 않는다고요?

날마다 죄 때문에 죽는 우리이지만

당신만 오시면

우리의 죽을 몸이 살아나오니

오소서, 성령이여, 오시옵소서!

우리 안에 내주하시고 간섭하시고

영원토록 깃들이소서

영이신 당신께는

영으로만 가야 만나는 줄 믿사오니,

썩어 없어질 육을 따르지 말고

영원히 살아남을 영으로 살게 해 주시옵소서

날마다 당신 영의 빛을 비춰 주시며

빛으로만 충만케 해 주시옵소서

성령이시여, 우리를 가득 채우시고

우리가 하나님의 자녀라는 것을

보증해 주시옵소서 ✝ 아멘

♣ 보십시오, 지금이야말로 은혜의 때요,
지금이야말로 구원의 날입니다. (고후 6:1-2)

지금이야말로

충만한 은총을

끝없이 내려 주시는 하나님 아버지,

당신 안에 숨쉬고 살아가는

은총을 받게 해 주심을 감사드립니다

눈을 떠도, 눈을 감아도,

당신께서 주시는 은총 일색입니다

이와 같은 큰 죄인이

하나님이신 아버지의 자녀가 된 것

이상의 은총이 어디 있겠습니까?

입술로 쉽게 부르는 '아버지'에 담긴

온갖 내용은

진실로 은총 그 자체입니다
은총의 샘이신 하나님,
영광과 감사를 받으시옵소서!

모든 것이 은혜라고
가르쳐 주시는 아버지 하나님,
당신께서는 사람들을 통하여 일하시며
줄곧 은혜를 입게 해 주십니다
만남과 관계의 은혜,
주고받는 선물과 기쁨의 은혜,
사랑과 위로를 베푸는
궁극적 관심의 은혜,
나에게서 너에게로 건너가는
연민과 역지사지의 은혜,
형제를 돕기 위하여
가진 것을 희생하고 포기하는
자아이탈의 은혜 등
서로 나누는 말 한 마디에 의해서도
받는 은혜를 통하여

당신께서 얼마나 저희를 사랑하시는가를
깊이 느끼게 하시니 감사합니다

오 하나님,
당신이 주신 은총을 헤아리게 하옵소서
우리의 이해와 상상을 뛰어넘어
아드님을 통하여 당신을 계시하신
그 은총의 신비를 통찰하며
감격하고 감탄하게
해 주옵소서

오 하나님,

당신을 믿고 당신의 말씀을 들으며

당신을 알고 당신을 사랑하고자 하는

일편단심을 갖도록

은총을 퍼부어 주옵소서

상실한 인간성을 찾고

분열된 인간상을 회복하여

우선 나 자신과 화해할 수 있는

은총을 주옵소서

오 하나님,

당신을 떠나는 순간이 죄이며,

당신 밖에서 숨쉬는 때가

죄라는 사실을 알게 하시는

지혜의 은총을 주심을 감사합니다

사랑 자체가 충일한 은총이며

생명보다 더 귀한 것이

당신의 은총임을

조금씩 배우게 해 주옵소서

오 하나님,

당신의 시간 '지금' 을 사는 은총,

당신의 새 시간 '오늘' 을 살아내는 은총,

그것이 당신의 자비요 구원임을

사무치게 느끼며 고푸라집니다

이루 헤아릴 길 없는

갖가지 은총을 정성껏 관리하여

헛되게 하지 않기를 원하오니,

관리의 은총 또한 내려 주옵소서   † 아멘

♣ 어둠 속에서 헤매던 백성이 큰 빛을 보았고,
죽음의 그림자가 드리운 땅에 사는
사람들에게 빛이 비쳤다 . (사 9:2-3)

무한한 기쁨, 넘치는 즐거움

하나님,

덩실덩실 춤을 추며

구원을 노래합니다

어둠 속에 묻혀

죄의 사슬에 묶여

죽음만을 기다리던 저에게

빛이 비춰 오고,

그 빛이 사슬을 녹여

어둠 자체인 제가,

빛 속으로 성큼성큼 걸어들어왔습니다

빛 가운데로 간 것이 아니라

빛이 제게 와 주었습니다
할렐루야!
만유 위에 주님이신 당신께
영광을 드립니다

내 주 하나님,
북을 치며 징을 울리며
구원을 노래합니다
뭐가 뭔지도 모르고
제 마음밭에 뿌려지는
복음의 씨앗을 받아들였는데,
그 씨앗이 자라서
열매를 딸 때가 되었습니다
친절과 인내의 열매,
기쁨과 평화의 열매를
거둬들이며,
더덩실 춤을 춥니다
당신을 아는 지식이 생긴 것만도
놀랍고 황송하온데

열매를 추수하게 되다니요!
불가사의 중의 불가사의입니다
무한한 기쁨, 넘치는 즐거움으로
넋이 나갔습니다
주 하나님,
당신께 감사를 드립니다

하나님,
손뼉을 치며 발을 구르며
구원을 노래합니다

악의 웅덩이에 빠져 허우적거리고

죄의 올가미에 걸려

꼼짝 못하던 이 큰 죄인이

죄와의 싸움, 악과의 전투에서

여러 번 이기고

이젠 선수의 자격으로 전쟁에 참가하여

7전 6승 1패의 신기록을 세워

메달을 따고

전리품을 나누어

당신께 승리를 안겨드리게 되었습니다

아직도 끝나지 않은

영적 전쟁이긴 하지만,

당신께서 몸소 싸워 주시고

이기게 해 주셨으니

넘치는 즐거움으로

승리하신 당신께 존귀를 드립니다   † 아멘

♣ 우리는 쓸모없는 종입니다.
우리는 마땅히 해야 할 일을
하였을 뿐입니다. (눅 17:7-10)

해야 할 일을 했을 따름이오라

하늘과 땅의 주인이신 주님,
아슬아슬한 생의 위기의 순간,
피곤하고 지친 슬픔의 순간,
덥고 권태로운 무의미의 순간,
고되고 괴로운 시련의 순간순간에서
저희를 건져 내시고 극복하게 하시고
이기게 하신 사랑을 주서시
진심으로 감사합니다
실망과 회의와 좌절 가운데도
잠시 비춰 오는 빛 한 오라기,
질병과 갈등과 깊은 고뇌중에도

찾아오는 위로와 기쁨의 말 한 마디,
그리고 무기력과 방황의 과정 속에서
발견되는 희망과 모색의 길을
보게 해 주시오니 감사드립니다

저희 가정의 주인되시는 주님,
이 쓸모없고 가치없는 것들을 종으로 삼으셔서
당신의 일을 이뤄 가심을
또한 감사합니다
진정한 종이라면
자신의 의지도, 시간도,

명예도, 쾌락도 없어야 하는데,
저희는 주인노릇하고 왕노릇하며
겉으로만 종입네 하고 위선떱니다
당신께 절대 복종하고
명령 내리실 때까지 기다리며
명령이 떨어지기가 무섭게
행할 자세를 준비해야 함에도,
반드시 지켜야 할 종으로서의
본분과 의무를 수행하지 않고,
당신이 싫어하시는 일만 하고 있는
불충한 종입니다
무서워서 섬기는 것이 아니고,
삯을 받기 위해 억지로 따르지 않고,
사랑의 도구가 되어 봉사하도록
은총을 내려 주십시오

주님,
저희는 보잘것없는 종입니다
하오나 버리지 말아 주십시오

고난 받는 종으로서,

섬기는 종으로서,

하나님이신 당신께서

사람의 아들로 이 땅에 오시어

종노릇하신 생애를 더듬으며

저희도 종의 의무를

완수할 수 있는 은총을 주십시오

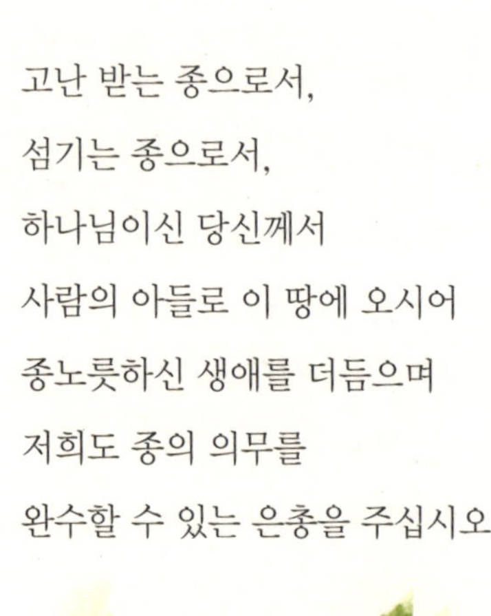

주님,

저희는 쓸모없는 종입니다

하오나 내치지 말아 주십시오

한 시도 당신의 종임을

잊지 말게 하옵시고

목숨 바쳐 충성하되,

열정과 겸손으로 기쁘게 헌신할 수 있도록

도와 주십시오

그저 해야 할 일을 했을 따름이라고

고백하게 해 주십시오 ✝아멘

'나'와 '너'의 만남의 불꽃

주님,

기본도 안 되어 있는 저희들을

낮이나 밤이나 돌보아 주시고

애끓는 사랑으로 용서해 주시는

당신은 누구십니까?

아무리 얘기해 주셔도

저희 고집대로 하며

곧 고친다고 약속하고도

옛 방식 그대로 행하는

저희들을 눈 감아 주시고

언제고 돌아설 날을 기다리며,

오래 참아 주시는
당신은 누구십니까?
한참 얼러 보시기도 하고
달래기도 하시고
그러다가 영영 버리시듯
내버려 두시고
간섭 안 하시기도 하시지만,
결정적인 순간이 되면
현장으로 저벅저벅 걸어 들어오셔서
어루만지시고 쓰다듬으시며
품에 안으셔서,
위기를 모면케 해 주시는
당신은 누구십니까?

어둠 속에 갇혀 있으면서도
빛인 줄 착각하고 있는 저희를 보시면서도,
철나면 좋아지겠지
낙관하시는 당신은 누구십니까?
회개가 안 되어 애쓸 때는

죄를 짓게 내버려 두셔서라도
그 죄를 통하여 통회자복하게 하시며,
인식의 영역을 넓히시면서까지
회심체험을 하도록 인도해 주시는
당신은 누구십니까?
결국 당신 홀로 주도하시고
당신 홀로 강권하심으로써
한 존재를 만들어 가시는 주님,
당신은 도대체 누구십니까?

다마스쿠스 도상에서
당신을 빛으로, 음성으로 만나 뵙고
극적인 전환을 한 사도 바울처럼,
저희도 어둔 실존의 도상에서
당신을 인격적으로 만나
빛의 체험을 하도록
도와 주시옵소서
당신이 누구신지 알고자 하는
저희의 바람을 들어 주셔서,
'나' 와 '너' 의 만남의 불꽃을
체험하게 해 주시옵소서

주님, 당신은 누구십니까?
영원히 스러지지 않는 빛이시며
사랑의 빛이시요,
희망의 빛이시며, 영생의 빛이신 당신은,
저희의 마음에 타오르는 불꽃이십니다
당신은 저희의 의식을 깨뜨리시며

새로 피어나는 새 가치이십니다

당신은 쓴 잔을 기쁨으로 채우시고

채찍을 면류관으로 바꾸시며

상처를 면류관으로 바꾸시는,

저희 인생의 유일한 목표이십니다

사울을 바울되게 하신 주님,

그를 당신의 뜻을 위하여 도구로 쓰셨듯

저희도 도구로 쓰임 받게 하시고,

나머지 생을 당신과 하나되어

빛의 노래를 부르며

걷게 해 주시옵소서   ✝ 아멘

♣ 그러나 더 이상 숨길 수가 없어서,
갈대 상자를 구하여다가 역청과 송진을
바르고, 아이를 거기에 담아 강가의
갈대 사이에 놓아 두었다. (출 2:1-10)

나도 구원계획의 연결고리 되어

하나님,

당신께서는 저희 인생길 곳곳에

사람이라는 연결고리를

세워 놓으셨습니다

고리는 그것 하나로는 아무 쓸모가 없지요

그러나 고리가 연결될 경우에는

긴 사슬이 될 수 있습니다

그런데 여기저기 세워 놓으신

고리 된 자들을 바라보며

더러는 당신을 원망하기도 합니다

선한 일에 쓰이는

좋은 고리만 된다면 얼마나 좋을까요?

하나님,
제 의지와 관계 없이
악을 조장하는 사슬에 가담할 때도 있어서
당신이 사랑하시는 자들의 협력이
얼마나 아름다운지 새삼 느낍니다
당신의 구원계획에 가담한
연결고리들을 발견하게 될 때마다,
아무렇게나 서 있는 것 같지만
당신께서 계획대로 세워 놓으신 것을
즉시 알아차리게 됩니다
당신의 아름다운 계획을
은혜롭게 이뤄 나갈 수 있는
선한 연결고리가 되게 해 주십시오

하나님,
저에게 감명을 준 연결고리는
모세의 누나인 미리암입니다

미리암으로 인해 모세가
죽음으로부터 구출되어
이스라엘 전체를 구원해 내는
영도자가 되지 않았습니까?
열 살 안팎밖에 안 된 미리암이
누구에게라도 발각되어
생명의 위협이 돌아올까 염려하면서도,
파수꾼으로 큰 책임을 맡아
숲 속에서 망을 보는 정경은
너무 아름답습니다
미리암은 당신이 주신
참 좋은 천품을 지니고 있었기에,
당신께서는 그를
완전한 도구로 쓰셨나봅니다

하나님,
당신은 미리암에게
순종과 인내, 담대함과 용기,
그리고 모험심,

판단력과 분별력과 지혜,
통찰력과 포착력,
출중한 기지와 언변,
성숙한 언어구사력을,
그리고 투철한 책임감을 주셨습니다
저희의 성품도 그런 좋은 기질로
바꿔 주실 수는 없으실까요?

하나님,
당신의 구원계획에 이르기까지
미리암이 한 행동은
탁월한 영성에서 비롯된 것이었습니다
침착하고 태연하게 갈대 상자에서
눈길을 떼지 않았습니다
망을 보며
끝없는 인내와 기다림으로
형세를 살피고 있었습니다
연민의 정을
투시할 줄 알았습니다

담대함과 용기로
위기를 직면했습니다
나설 때와 말할 때,
말할 때와 침묵할 때를
분별했습니다
그는 사랑의 젖줄과 궁중교육을 연결시키는
지혜로운 연결고리가 되었습니다
한 아기 모세의 생명을 건진 것은
이스라엘 전체를 건진 것입니다
당신의 인류 구원계획을 도운
중대한 연결고리가 되었습니다
당신이 하신 일입니다

하나님,
미리암을 집중 탐구하면서
아무리 보잘것없는 사람이라도
당신께서는
당신 구원계획의 연결고리로 쓰실 수 있음을
확신했습니다

이제 우리 둘레에 있는 한 사람 한 사람을

모두 소중하게 여기며

그 연결고리들을 하나로 묶어

당신께서 온전히 쓰시고자 하는

사슬계획으로 만들어야 할

중대한 임무가 주어졌습니다

당신을 믿고 사랑하는 자들을

하나도 빠짐없이

연결고리로 쓰실 작정을 하셨다니,

놀라운 신비입니다

당신을 찬양하며 감사합니다   † 아멘

♣ 성령을 소멸하지 마십시오.
　모든 것을 분간하고, 좋은 것을
굳게 잡으십시오. (살전 5:19-21)

속불이 타올라

하나님,

불 이야기만 나오면

왜 이렇게 좋은지요!

불꽃이 일어나는 모습은

보기만 해도 가슴이 타오릅니다

그래서 타오르는 불은

매일 아침의 화두가 됩니다

날마다 타오르기 위해서는

성령의 불을 간직해야 하겠죠?

성령의 감동을 받았노라며

거짓으로 예언하는 사람들이 많은 이 세상에서는

영을 분별하는 은사가
꼭 필요한 것 같습니다
저희 각자에게 임하는 성령의 불을
광신적 열광이나 지나친 지적 독선으로
스스로 막아 버리는
미련함을 경계하게 해 주소서

하나님,
불로든지 물로든지
이미 세례 때 임하셔서 내주하시며
세상 끝날까지 떠나지 않으시는
성령현존을 느끼게 해 주소서
하오나 저희의 영적 상태에 따라
꺼진 불처럼
냉랭해질 수 있사오니,
성령의 가득함을 날마다 받게 해 주소서
신앙인격 속에 머물고 있는
성령의 불을
소중히 간직하게 해 주소서

하나님,

불 성령의 특성은 이런 것일까요?

점화성, 가연성,

폭발성, 내구성,

전도성 그리고 체질성 아닌가요?

준비된 영혼과 접촉하면

성령의 불이 붙지요

삽시간에 불이 당겨져

전체를 불로 만들지요

한번 불이 붙기만 하면

맹렬하게 타오르며

세상을 뒤집을 것만 같지요

은은하다기보다 활활 타오르는 성령의 불,

성품에 따라 폭발되는 것 같습니다

성령의 불은

오래 견뎌내는 힘도 있습니다

오랫동안 그 불의 뜨거움을

견뎌낼 수 있는 힘을 발산하여

참을성 있는 사람으로 바꿔 놓기도 하지요

성령의 불은
혼자 타오르는 것만으로
만족하지 않습니다
불을 전해 주어야 직성이 풀립니다
뚫고 들어가 완전히 녹여 버립니다
속불이 타오르게 합니다
마침내 체질을 변화시켜
성령의 불 아니고서는
어떤 것에도 만족할 수 없는
체질이 되어 버립니다
성령체질로 변하게 해 주소서

하나님,
그러나 불은 계속 붙기만 하는 게 아니라
꺼질 수도 있사오니,
불을 끄지 않도록
준비하게 해 주소서
이미 와 있는 성령의 불씨를
계속 간직하게 해 주소서

가물가물 불길이 죽어갈 때라도,

말씀 쏘시개와 기도 쏘시개,

회개의 쏘시개를 대어

점점 활활 타오르게 해 주소서

그리스도 예수와의 접촉을 함으로써

불꽃을 계속 일궈 가도록

은총 베풀어 주소서

불 꺼뜨리는 요소를 피하게 해 주소서

우리의 시선과 관심을

당신 밖으로 유도해 내는

악의 세력들을 척결하게 해 주소서

성령의 불 아니고서는

이 악한 시대에

살든지 죽든지 당신의 영광을 위해서만

살아갈 수 없사오니,

오늘도 저희에게

불꽃으로 와 주소서 ✝아멘

♣ 너희는, 눈이 있어도 보지 못하고,
　　귀가 있어도 듣지 못하느냐?
　　기억하지 못하느냐? (막 8:14-21)

벌써 다 잊어버렸느냐?

주님,

저는 하루에도 몇 번씩

"아직도 알지 못하고 깨닫지 못했느냐?"

"벌써 다 잊어버렸느냐?"는

당신의 질책을 듣고 있습니다

"그래도 아직 모르겠느냐?"

거듭 말씀하실 때마다,

완전히 저는 녹초가 되어 버립니다

왜 이렇게 아둔한지,

왜 이토록 깨달음이 없는지,

왜 이처럼 무식하고 무지한지,

알다가도 모를 일입니다
아무리 당신의 말씀을 읽고 또 읽어도
묵상하고 또 묵상해도
무슨 의미인지 모르는 구절들이
수두룩합니다
주님, 말씀을 통찰할 능력을 주옵소서

주님,
그러나 가끔 위로가 될 때가 있습니다
당신의 제자들도 줄곧 당신을 따라다니면서도
당신의 말씀을 못 알아들어,
스승이신 당신의 마음을
안타깝게 해 드렸지 않습니까?
문제의 핵심을 꿰뚫어 보지 못하고
날마다 변죽만 울리지 않았습니까!
어리석고 완고한 제자들을
계속해서 교육시키시며
하늘나라를 알려 주시기 위해
당신께서 참으셔야 했던

상황이 얼마나 처절했을까,
짐작하고도 남습니다
결국 죄 때문입니다

주님,
당신 제자들의 죄가
곧 오늘 저희의 죄입니다
세상의 방식으로 길들여졌기에,
당신 나라의 방식에 대해서
민감하지 못합니다
기적의 현장에서 체험했으면서도,
깨달음이 없습니다
깨달음이 없기에
같은 죄를 반복합니다
직접 보고 듣고도 모릅니다
회개를 하지 않아
늘 묵은 자아의 시선으로
보기 때문입니다
보고 듣고도 모르는데,

보지도 듣지도 못한 당신 나라의 일을
어떻게 알 수 있겠습니까!
받은 은혜와 사랑을 곧 잊어버리는
크나큰 죄 때문입니다
육적인 일에 초점을 맞추어
하늘에서 내려온 은혜는
까맣게 잊어버립니다
살림살이에 얽매여 있으므로,
근심과 걱정이란 죄를 짓습니다
오 주님, 이 모든 죄를 용서해 주옵소서

주님,
잊어버리지만 않는다면,
같은 죄를 반복할 것 같지 않습니다
도무지 분별력이 없어서,
덜 중요한 것과 더 중요한 것을
가려내지 못합니다
나 자신의 일 외에는 무관심합니다
자기필요를 채우는 데만 급급합니다

은혜를 주시는 분에 대해서 알지 못합니다
당신께서 제자들을 나무라신 것은
아버지이신 하나님을
신뢰하지 않았기 때문이었죠?
하나님 아버지를 온전히 신뢰하게 해 주옵소서

하나님의 손은
항상 도우시려고 뻗고 계시며
당신께서 베푸신 기적은
당신이 하나님이셨기 때문에
일어난 것이 아니라,
당신의 아버지가 하나님이셨기 때문에
일어난 것임을 깨닫게 해 주옵소서
당신께서는
하늘과 땅의 권한을 가지신
당신의 아버지를
보여 주시고 싶어하신 것이 아니죠?
연민이 많으시고 자비가 풍성하시며
사랑이 충만하신 그대로

보여주고 싶어하셨지요
오직 당신의 관심사는
아버지이신 하나님이심을 믿습니다
저희도 하나님의 자비와 사랑을
잊지 않게 도와 주시고
다시는 당신 입에서
"벌써 다 잊어버렸느냐?"는 꾸지람이
나오지 않도록
깨어 있게 해 주옵소서   ✝ 아멘

♣ 만군의 하나님, 우리를 회복시켜 주십시오.
우리가 구원을 받도록, 주님의 빛나는
얼굴을 나타내어 주십시오. (시 80:19)

무엇이 그토록 우습냐고요?

하나님,

저는 종일 웃고 있습니다

관심을 끌려고 아픈 척하는 딸 때문입니다

시선을 집중시키기 위해

입 내민 딸 때문입니다

연민의 정을 일으키도록

우울한 표정 짓는 딸내미 때문입니다

각광 받고 갈채 받는 인간이

되어서는 안 되겠기에,

더러는 모르는 척합니다

때로는 말을 걸어 줍니다

혹은 농담하며 웃겨 줍니다

세상 죄를 홀로 짊어진 사람처럼

무겁게 걸어가는 사람을 보면

웃음이 납니다

어디에 맡기지 못하고

잔뜩 움켜쥔 고민이 보여서

키득키득 웃습니다

하나님 아버지,

그러고보니 요즘은

웃는 사람들이 별로 없군요

어쩌다가 길에 나가 봐도

수심이 가득한 얼굴,

짜증이 주름 가운데 괸 얼굴,

온통 우거지상 뿐입니다

하기야 세상을 보면

웃을 일이 전혀 없겠죠

시각을 교정하지 않으면

평생 찌푸릴 수밖에 없습니다

당신께로 시선을 고정할 때

당신의 웃으시는 얼굴,

빛나는 얼굴과 마주친다는 것을

가르쳐 주어야 하겠습니다

그런데 인간은 자기중심적이어서

언제나 자신만 보지

당신을 봐야 말이죠

당신 안에

저희의 살 길과

구원이 있음을 본다면,

누가 웃지 말라고 해도

웃지 않겠어요?

하나님,
누군가 하루에 몇 번이나 웃을까
통계를 내 봤답니다
어린이는
사오백 번 웃고요,
어른이 되면
고작 스무 번 가량 웃고 산답니다
놀라운 차이입니다
하기야 아기들은
기저귀 갈아 주고 젖만 먹이면
계속 방글방글거리지요
저는 어른이지만
하루 종일 웃습니다
아픈데 뭐가 우습냐는 거예요
바쁘고 힘든데 웃을 이유가 뭐냐고
시비를 거는 사람이 있어요
제가 아픈 것과 바쁜 것이,
기쁜 것과 무슨 상관이에요?
전 근심이 없어서 웃고 살아요

부질없는 걱정 안 하니까
웃을 수 있어요

하나님,
현대인들은 절대로 일어나지
않을 일 가지고 공연히 염려하죠
우리들 중 40퍼센트가 그렇다는 거예요
30퍼센트는
이미 일어난 사건에 대해서 근심하고요
별로 신경 쓸 일 아닌 것에 대해서
22퍼센트나 걱정한다는군요
바꿀 수 없는 사건에 대해서
4퍼센트나 고민한다는 거예요

정작 해결해야 할 일에 대한 근심은
4퍼센트밖에 안 된대요
웃음을 상실한 이 세대에
경종을 울려 주세요, 하나님

하나님,
어떻게 하면 더 기쁘고 즐겁게,
어떻게 하면 더 많이 웃고 살까,
저는 그것만을 생각합니다
물론 그것을 다시 걱정거리로
삼지는 않습니다
제 마음과 눈의 향방만 새로 결정하면,
당신의 빛나는 얼굴로 정향하면,
저절로 웃음이 나니까요
오늘 저녁식탁에서는
가족들의 여러 가지 버릇,
특징만을 골라서
소극 한 편 상연할까 하지요
오랜만에 박장대소하게요

눈물이 나고
허리가 끊어지게 웃어서
먹은 음식 다 소화되어
다시 밥을 찾도록 말이에요

하나님,
당신께서도 오세요
폭소대작전의 성공을 위하여
기쁨의 성령을 미리 부어 주세요
당신이 곁에 계시고
당신의 웃음이 감염되는 느낌을 가지고
웃게 해 주세요
한바탕 실컷 웃고 싶습니다
당신의 웃음 세 개가
제 얼굴에 연지곤지 찍을 때까지   † 아멘

♣ 우리가 온갖 환난을 당할 때에 하나님께서는 우리를 위로해 주십니다. 하나님께서는 우리를 위로하셔서 온갖 환난 가운데 있는 사람들을 위로할 수 있게 하십니다. (고후 1:3-7)

위로의 강물 넘쳐

위로의 근원이 되시는 하나님,

인자하신 아버지,

당신은 우리를 위로하시려는 목적이 아니라,

우리로 하여금

위로자가 되도록 하시기 위하여

위로해 주십니다

당신께서 고난을 주실 때는

잘 참아 이겨냄으로써

건강한 영혼이 되기를 바라십니다

당신은 우리를 홀로 내버려 두지 않으시고

그 고난을 통하여

인생의 모든 문제에 대처할

힘과 용기를 주십니다

또한 앞으로 닥칠지도 모르는

온갖 위험을 정복할 수 있는

지혜와 능력도 주십니다

그러므로 우리는 그 고난에서 큰 영감을 얻고,

벗어 놓았던 십자가를 다시 지고

그리스도를 바라봅니다

위로의 원천이 되시는 하나님,

고난이 닥쳐올 때,

당신은 우리의 고난의 현장 안으로

반드시 위로의 손길이 오도록 하시며,

인내할 수 있는 놀라운 은총을

부어 주십니다

오직 한 목표점을 향하여

걸어가는 도상에

고난의 순간을 끼워 놓으심은,

우리를 단련시키시려는 뜻임을 믿습니다

높은 이상을 향하여 나아갈 때

그것을 실현할 능력을 주시며,

어려운 일을 맡기실 때

그것을 성취할 힘까지 주심을 믿습니다

그러므로 우리는 고난 그 자체를

바라보지 않으며,

고난 뒤에 숨겨진

당신의 뜻을 찾아 내려 합니다

하나님,

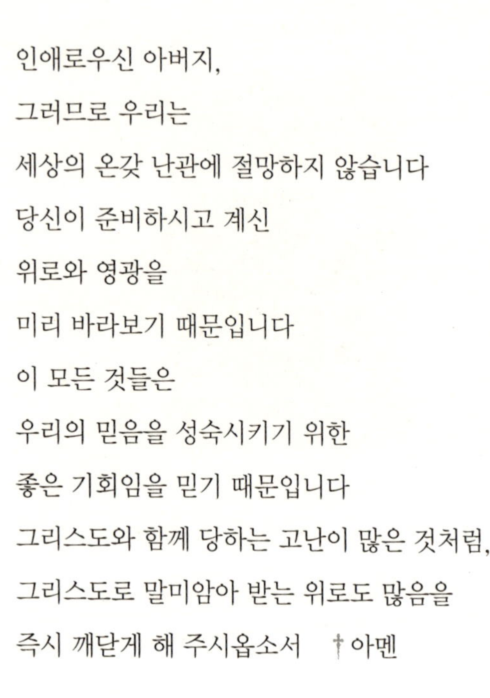

인애로우신 아버지,

그러므로 우리는

세상의 온갖 난관에 절망하지 않습니다

당신이 준비하시고 계신

위로와 영광을

미리 바라보기 때문입니다

이 모든 것들은

우리의 믿음을 성숙시키기 위한

좋은 기회임을 믿기 때문입니다

그리스도와 함께 당하는 고난이 많은 것처럼,

그리스도로 말미암아 받는 위로도 많음을

즉시 깨닫게 해 주시옵소서   †아멘

♣ 여자가 그 나무의 열매를 보니,
먹음직도 하고, 보암직도 하였다.
그뿐만 아니라, 사람을 슬기롭게 할 만큼
탐스럽기도 한 나무였다. (창 3:1-8)

이것만은 괜찮겠지

즐거운 대화를 주고받으며

영광을 받으시고자 했던 아버지 하나님,

이제는 타락하여

당신의 형상마저도 잃어버린 이 죄인들이

차마 얼굴을 들지 못하고

몸을 숨겼습니다

'어디 있느냐' 고 물으실 때

있는 자리를 말씀드릴 수가 없습니다

그것만은 절대로 따 먹지 말라고 하신

금단의 선악과를 따 먹은 저희들은,

불순종의 원흉들이었습니다

매사가 그렇습니다
하지 말라는 일은 더 하고 싶어하고
이것만은 괜찮겠지,
남들도 다 하는데 하면서,
당신의 뜻은 아랑곳없이
저희들 좋은 대로만 하고 살아가는,
참으로 악하고 고약한 인간들입니다
당신의 자리를 언감생심 기웃거리며
당신과 같아지기 위해서
불순종의 죄를 지었으니,
낙원에서 추방당할 수밖에 없었던
저희의 죄악상이었습니다
이제 다시 그 원죄를 가슴아파하며
철저하게 순종하여 겸손을 되찾고
낙원을 되찾으려 하오니,
전적으로 순종하는 믿음을
허락해 주시옵소서

그 아름다운 에덴 동산에

영원히 함께 있기를 원하신 아버지 하나님,

그 나무 열매를 따먹기만 하면

저희 눈이 밝아져서 당신처럼 된다는

뱀의 말을 그대로 믿고

교만한 마음을 품었던 저희들은

흉악한 죄인들입니다

마음 속에 당신을 향한 사랑이 없었으며,

오직 육체의 쾌락을 만족시킬

생각밖에는 없었습니다

먹음직하고 보암직한 열매에만

관심이 있었습니다

안목의 정욕을 좇아다니는 저희는,

세상의 자랑밖에는 가지고 있지 않은

죄인들입니다

세상에 있는 모든 것은

당신께로부터 나온 것이 아니라,

세상에서 나온 것임을

알아듣지 못하는 미련한 자들입니다

세상도, 세상의 정욕도 다 사라지지만,

당신의 뜻대로 사는 사람만
영원히 살 것임을 믿게 해 주시옵소서

당신이 주시는 것만을 받아 누릴 생각을 하지 않고,
억지로 강탈해서라도
당신의 것을 가지려는 탐욕과
저희가 마음대로 할 수 있다는 교만을,
어서 물리쳐 주시옵소서
내 탓이 아니라 네 탓이라고만 우기며
온갖 핑계를 다른 사람들에게 돌리는
천하의 죄인을 용서해 주시옵소서
하나님,
인류가 타락한 원인을 깨달아
다시는 타락의 전철을
밟지 않게 해 주소서   † 아멘

♣ 흑암을 틈타서 퍼지는 염병과
   백주에 덮치는 재앙도
   두려워하지 말아라. (시 91:5-6)

탑 밑으로 내려가야 합니다

하나님,

인간은 태어날 때부터

불안과 두려움을 지니고 있는 것 아닐까요?

갓난아기들이 잠을 자며

혼자 놀라고 있으니요

방 안에 아무도 없으면

자지러지게 우니 말이에요

또 인간은

아주 산만한 존재로 태어났나 봐요

집중력이 없어서 학습진도가 안 나가고

지나치게 산만하여

노력이 수포로 돌아가지요
기도할 때 단 오분도 온전히 집중이 안 되어
당신께서 들으시기에 괴로우신
사연만 늘어 놓는 저희들 아닌가요?
그래서요,
저는 당신의 종들에게
영성수련을 시키면서,
'탑 밑으로 내려가기' 라는
연습을 하도록 한답니다

하나님 아버지,
기도하면서 무슨 생각이 들었는지
수련일지에 적어 보라고 합니다
아주 중요한 연습입니다
그런데 그 잡념의 내용을
솔직하게 적어 놓지 않아서,
수련에 진보가 없습니다
존재가 바뀌지 않습니다
아, 말로는 쉽지요

자꾸 하다 보면 잡념이 없어질 것이라고요
그런데 그 잡념의 원인을 없애지 않으면
아무 소용이 없거든요
재앙에 대한 두려움,
질병에 대한 공포가
영원히 사라지지 않거든요
지존하신 당신의 보호,
전능하신 당신이 피난처이심을
몰라서가 아닙니다
당신께서 죽을 병에서
건져 주시리라는 믿음이
없어서도 아닙니다
근원적 불안을 떨쳐 버리지 못하여
항상 미숙한 자리에 머물러 있습니다
이런 땐
탑 밑으로 내려가는 것이 최선책임을
당신께서 일러주셨잖아요?

아버지 하나님,

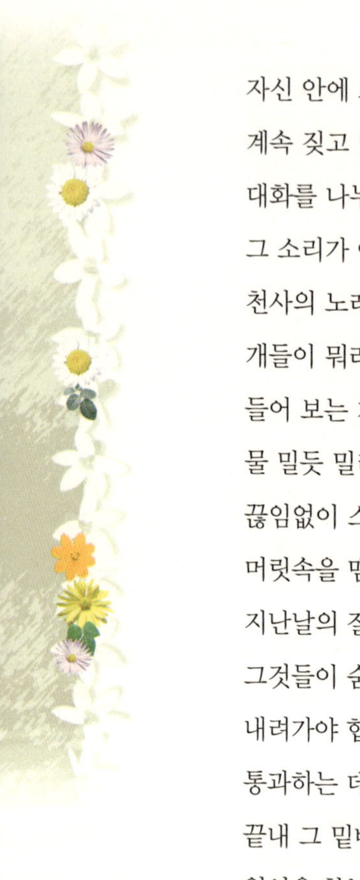

자신 안에 도사리거나

계속 짖고 있는 개 소리와

대화를 나누라고 하셨죠?

그 소리가 아름다운 새 소리로 변하고

천사의 노래가 될 때까지,

개들이 뭐라고 짖어대는지

들어 보는 게 급선무입니다

물 밀듯 밀려오는 생각들,

끊임없이 스쳐가는 가지가지 분노,

머릿속을 맴도는 불만과 불안,

지난날의 잘못에서 오는 환멸과 슬픔,

그것들이 숨어 있는 마음의 탑 밑으로

내려가야 합니다

통과하는 데 어려움이야 있겠지만,

끝내 그 밑바닥에 있는

원인을 찾는 게 중요합니다

바로 그것이 보물이 되거나

그 옆에 보물이 있으니까요

그것을 발견하자마자 받아들이고

그것들이 내 존재의 일부임을
긍정하는 것,
피하고 싶은 그 사실을 짚어 보는 것,
그것이 바로 고요로 들어가는
지름길임을 믿습니다

하나님,
입에 올리기도 부끄러운
추한 생각들에서 벗어나기 위해서
먼저 그것들과 접촉하여
화해를 하라고 하셨죠?
탑 밑에서 만난 그것들은
삶의 무의미에 대한 항거,
실패와 좌절에 대한 서러움,
열등의식으로 인한 불안,
강박관념에서 오는 우울 등
존재를 존재되지 못하게 하는 것들이라고
당신은 가르쳐 주셨습니다
그 잡념들을 그대로 두고

있는 그대로 바라보라고,
그것들이 각자 안에 있어도 된다고,
당신은 계속 말씀해 주셨습니다
그렇습니다
제가 그들에게서 떠나면 됩니다

하나님,
그들을 상대적 존재로 만들라는 의미로
알아들었습니다
그들이 다시 제게 와도 상관없도록,
저는 그런 잡념을 가진 사람으로
제 일부를 허용해야 하겠지요
제가 기꺼이 허용한 후
전 그것들과 상관없이,
탑 밑에 있는 참 자아를
만날 수 있습니다
그 불안은 머리와 정서 속에만 있고
제 의식 안으로는 못 들어옵니다
그래서 저는 그 개 소리들 때문에

고요와 평화라는

귀중한 보물을 발견했습니다

'본질자아' 라는

중요한 보물을 발견했습니다

이제는 탑 밑으로 내려가 보지 않고도

어떤 개가 짖는지 곧 알아차립니다

"너는 짖어라, 난 침묵하겠다."라고

자신 있게 말하며

당신께만 몰입합니다

탑 밑을 내려갔다 온 사람만이

당신께 들어갈 수 있고

당신만을 의지하는 지혜가 생깁니다

하나님,

'악의 심연'인 제 안에도

보물이 있다니,

너무 기뻐 깡충깡충 뜁니다

수박 겉핥기식으로 살지 않고

존재내면으로 여행을 하며,

더 아늑한 고요와 평화를

누리게 해 주심을 감사합니다

이제 저는

당신만 의지하오니

아무 두려움이 없습니다   † 아멘

♣ 주께서 그들을 때리셨어도
그들은 정신을 차리지 않으며,
주께서 그들을 멸망시키신 것인데도
그들은 교훈 받기를 거절합니다. (렘 5:3-4)

돌아오려니 하고

아버지 하나님,

선하신 당신께서

그동안 착한 사람이 혹시라도 있나 찾으셨다고요?

이 거리, 저 상터에서

혹시 올바른 사람 있나

눈을 그게 뜨고 찾으셨다면서요?

그런데 어쩌면 모두 그렇게도 악하고

자기 잇속만 채우려 드는지 놀라셨죠?

바르게 살아보려는 자녀들이 있나 싶어

주야로 찾아 헤매셨다면서요?

그런데 어쩌면 모두 그토록 비뚤어져 속이려 들며

불의하게 살고 있는지 실망하셨죠?
예전에만 그랬던 게 아닙니다
사람들이 사는 세상은
동서고금, 과거현재를 통틀어
언제나 비리와 부조리가 횡행합니다

하나님 아버지,
인간의 회개의 가능성을 믿으시는 당신께서,
양심에 찔림 받아
곧 돌아오려니 하고 기다리셨다고요?
당신께 달려와 무릎꿇고
지은 죄를 전부 고백한 후
뉘우침의 눈물을 흘릴 줄 아셨다면서요?
그런데 어쩌면 그리도 뻔뻔스럽고 무감각한지
돌아올 생각을 안 하는 데 놀라셨죠?
철들어서 다시는 당신의 마음을
상하게 해 드리지 말아야 하겠다며
행위나 삶으로 회개의 증거를 보이는
자녀들이 있나 싶어서

밤낮으로 찾으셨다면서요?
그런데 눈도 꿈쩍하지 않고
이전에 하던 일들을
계속 하고 있으니 슬프시죠?

사랑하는 아버지,
믿을 만한 구석 하나 없는
이 죄인들을 여전히 신뢰하신다고요?
돌아서기만 하면 사랑할 수 있고
사랑하기만 하면 믿을 수 있는
무한한 가능성이 있다시며

선택해 주시니 감사합니다
아직은 신용할 수 없고
아직은 기대할 수 없지만,
언젠가는 당신 마음에 들게 되리라
믿으신 당신의 자비에 감읍합니다

자비하신 아버지,
잠시 회개하는 것 같다가도
제 자리로 돌아가고,
잠깐 변형된 것 같지만
늘 옛 모습 그대로인 저희를,
당신은 버리지 않으시고 기다리십니다
아직은 믿음이 여리고 흔들려
아직은 진정한 회개가 안 이루어져
같은 죄를 반복할 줄 알았다시며,
마침내는 당신의 뜻대로
살 것임을 믿으신 당신의 기대에 감격합니다

신실하신 아버지,

믿고 기댈 분은 오직 한 분,
의지하고 신뢰할 분은 오직 한 분,
아버지 당신밖에 안 계십니다
이 세상이 온통 불바다가 되고
온 천지가 모두 물바다가 되어도,
당신만이 요새요 피난처이십니다
당신이 아직 누구신지 모르고
당신의 법이 뭔지 몰라도,
당신의 길이 어떤 것인지 몰라도,
저희는 오직 당신만을 바라보며
당신께서 저희를 책임져 주실 것을
굳건히 믿고 힘차게 달리오니,
제발 저희를 눈여겨 보아 주십시오
부디 저희를 마음에 두어 주십시오   † 아멘

절망의 동굴을 통과하여

우리를 사랑하시는 아버지,

참 아버지이신 당신을 사랑합니다

우리를 거룩하게 만드시려고

사랑의 매를 드시는 아버지,

참 아버지이신 당신께 경배합니다

당신을 아버지라 부르게 하심만도,

몇 날, 몇 주, 몇 달 동안

감격 속에서

감사 눈물을 흘려도 부족합니다

하온데 사랑으로 저희를 훈련시키시며

사람 되게 하시오니,

감사하옵는 아버지,
존귀와 영광을 받으시옵소서

우리를 자녀로 여기시는 아버지,
참 아버지이신 당신을 사랑합니다
우리에게 평화를 주시려고
사랑의 회초리를 드시는 아버지,
참 아버이지이신 당신께 감사합니다
고집 세고 교만한 저희들을
온유하고 겸손하게 만드시려고
고난의 계곡을 통과하게 하시고
시련과 질병의 산을 넘게 하시며,
갈등과 침체의 동굴을 뚫고

영광에서 영광으로 옮아가게 하셔서,

당신의 소유로 삼아 주심을 감사합니다

고난과 시련을 통하여,

갈등과 절망의 동굴을 통과하여,

잘 통합되고 절제된 품성을 만드시려고

양육시켜 주심을 감사합니다

훈련시켜 봐야 여전히

죄악을 끊지 못하는 저희인 줄

속속들이 아시면서도,

끝내 포기하지 않으시고

오늘도 사랑으로 견책의 매를 휘두르시는 아버지,

감사와 찬양과 경배를 받으시옵소서   † 아멘

♣ 또 산을 옮길 만한 모든 믿음을 가지고 있을지라도, 내게 사랑이 없으면, 아무것도 아닙니다. (고전 13:1-3)

사랑 이외의 것은

사랑의 화신으로 이 땅에 오신 주님,

당신은 사랑 이외의 것은

하신 일이 없으십니다

당신께서는 사랑을 제외하고는

보여 주신 것이 없으십니다

침묵도, 언어도, 눈물도, 웃음도,

치유도, 귀신쫓음도

오직 사랑으로 하셨습니다

그러나 어리석은 저희는

모든 일을 사랑 없이 행합니다

기계적으로, 타성에 젖어 .

마구잡이로, 무성의하게,
남을 의식하고, 마지못해서 합니다
사랑은 진화의 궁극이며
최대의 능력임을 믿으면서도
사랑하기를 힘쓰지 않는
저희들을 용서해 주시옵고,
믿음의 열쇠인 사랑에 당도하여
사랑의 사람, 믿음의 사람이 되도록
인도해 주시옵소서

사랑 자체이신 주님,
당신은 사랑 이외의 것은
가르치신 적이 없으십니다
당신께서는 사랑을 빼놓고는
들려 주신 것이 없으십니다
회개의 촉구, 하나님나라의 선포,
십자가의 죽음, 고난의 신비,
부활의 영광, 재림의 약속,
영원한 생명, 시들지 않는 기업을

사랑의 음성으로 예언하셨습니다

하오나 어리석은 저희는

모든 일을 사랑 없이 합니다

사랑 없는 지식을 쌓아

지적 오만에 눌려 있습니다

사랑 없는 말을 해서

형제 가슴에 상처만 남깁니다

사랑 없는 구제와 희생을 하여

공로주의와 의인의식에 빠집니다

사랑으로 오시고 사랑으로 사시고

사랑으로 죽으시고 사랑으로 다시 사신

당신을 기억하며

사랑하게 해 주소서
당신께서 사랑하시는 것을
저희도 사랑하고
당신께서 사랑하시는 사람을
저희도 사랑하도록,
사랑의 은총을 내려 주소서
오 주님,
사랑 없으면 아무것도 아님을
깨닫게 해 주소서   †아멘

♣ 다니엘은 왕이 내린 음식과 포도주로
자기를 더럽히지 않겠다고 마음을 먹고,
판관장에게 자기를 더럽히지 않을 수
있도록 해 달라고 간청하였다. (단 1:6-21)

지혜를 배불리 먹고

지혜의 원천이신 아버지 하나님,

당신은 순결한 사랑과 경외심과

지식과 거룩한 희망의 원천이십니다

당신을 원하는 사람들은

모두 당신께로 와서

지혜를 배불리 먹으라고 초대해 주십니다

지혜로 인간을 지으시고

지혜로 다스리시며 통치하시는

그 능력을 찬양하며 영광을 드립니다

지혜와 더불어 사는 사람을

사랑하시는 하나님,

저희에게 지혜를 얻고자 하는

열망을 주소서

지혜를 추구하고자

혼신의 정열을 기울이게 해 주소서

저희는 지혜가 없어서

멸망의 길을 걸어왔습니다

미련한 자의 죄의 길을 걸었습니다

진리에서 빗나간 길에서

헤어나오지 못했습니다

이제 길을 돌이켜

당신 앞으로 나와 섰사오니,
거짓을 물리치는 지혜를 주소서
다니엘과 같은 겸손과 지혜를
내려 주소서
그리하여 당신의 도우심으로
무엇이든지 할 수 있는
믿음을 주옵소서

지혜 자체이신 하나님,
저희는 지혜롭지 못하여
당신을 두려워하지 않고
마구잡이로 살아왔습니다
당신을 두려워하는 것이
지혜의 시작이며 성숙이며
완성임을 알지 못했습니다
잘난 척하며 으스대며 우쭐해 하며
지혜와는 먼 길을 걸어서 방황하던 저희가
이제 당신 앞에 돌아와 섰사오니
용서해 주시고,

당신을 경외하는 지혜를

풍성하게 내려 주소서

당신을 아는 지혜에

뿌리를 박게 해 주시고

당신을 아는 지식과 총명을

비처럼 내려 주소서

당신이 주셔야만 받을 수 있사오니,

명료하고 다양하게,

강인하고 투명하게,

모든 것을 통찰할 수 있는

지혜를 주옵소서

지혜를 추구하는 사람을

사랑하시는 하나님,

저희는 구원에 이르는 깨달음이

곧 지혜라고 하는 것을

알지 못하여 죄를 지었습니다

정의와 용기,

절제와 현명을

가르쳐 주는 것이 지혜임을

알지 못하여 죄 중에 헤맸습니다

그러다보니 교만할 대로 교만해졌고

불신자처럼 생활했습니다

당신께서 지혜를 주시지 않으면

어떻게 지혜에 이르오리까?

당신께서 지혜를 내리시지 않으면

어찌 당신의 뜻을 알 수 있사오리까!

이제 당신께로 완전히 돌아섰사오니

당신만을 믿고 순종할 수 있는

지혜를 주소서

성령을 통하여 지혜에 이르게 하시어,

겸손이 최고의 덕임을
알 수 있게 해 주소서
항구하게 확신을 가지며
믿음 위에 설 수 있는
지혜를 주소서
다니엘과 같은 겸손과 지혜를
허락해 주소서
그리하여 당신의 도우심으로
무엇이든지 할 수 있는
믿음을 주소서   †아멘

♣ 잠자리에 들어서도 주님만을 기억하고
밤을 새우면서도 주님만을 생각합니다.
(시 63:6-8)

흰 고무신 한 짝

하나님,
주님은 저의 하나님이십니다
그래서 저는 내 주 하나님을
주야로 부르며 찬양합니다

내 주 하나님,
그 무더운 한낮의 열기가 식고
어느 새 매미합창단에
귀뚜라미 솔로가 입단했습니다
낮은 여름, 밤은 가을,
하루에 두 계절의 얼굴을

번갈아 보며 당신을 찬양합니다
일 속에 파묻히는 한낮에도
저는 당신 생각에 즐겁습니다
땅거미가 지고 밤이 오면,
더욱 더 당신 기억에 사무칩니다
두 손 높이 쳐들고 십자가 기도하면서,
무릎꿇어 엎드려 눈물로 애소하면서,
새벽까지 깨어서 줄곧 당신 앞에 앉아서도,
당신을 그리워합니다
당신께서 인생의 고비마다
도우신 일 회고하며,
사랑의 날개 밑에서
기쁜 노래 부릅니다

하나님,
게릴라성 호우로
갑자기 개울물이 불고
산 골짜기에 물이 넘친다고요
강물이 손뼉치며 소용돌이치고

바다가 넘실거리며 탁류를 이뤘다고요
하룻밤새 물난리가 일어났습니다
올해엔 강물의 범람 소식
안 들려 안심했었지요
해마다 같은 일 당하면서
예방책을 강구하지 않는 사람들,
물고기 지능지수를 갖고 있나요?
예방 차원의 일은 너도나도
젬병인가 봅니다
구조작업이 신속하게 펼쳐지길
간절히 바랍니다

내 주 하나님,
제 귀에 꾸역꾸역 넘쳐 흐르던
시냇물 소리,
귀청 떨어지게 들려옵니다
아, 귓부리가 붉어지고 진땀이 흐릅니다
물에 떠내려 가던
제 흰 고무신 한 짝이 보입니다

열 살 때의 일이었죠

육이오 동란 후

조부 댁으로 피신해 있던 시절,

당신은 고개 너머 샘터에

반디들을 집합시키셨던 것,

아직도 기억나시죠?

할아버지 몰래 수요일 밤,

교회로 향할 때면

반딧불 사이사이로

오솔길 하나 보였습니다

옛 선비들이 그 빛을 받아

글을 읽었다는 말은

지어낸 말이 아니더라고요

반딧불은 가로등만큼이나

먼 길까지 밝혀 주었습니다

그 때 함께 반디를 잡고

노래 부르던 소년이 있었습니다

그 이름, 수줍어 차마

입술에 올릴 수 없습니다만,

변성이 채 안 된 소년의 목소리는
너무 맑고 고왔습니다
서로 말을 나눈 적은 없습니다
그냥 함께 고개를 넘고
시내를 건너
교회에 가곤 했습니다

하나님,
그 해 여름 7월,
몇 십 년만에 습격한 폭우로
갑자기 홍수가 나서
낮은 지대에 살던 이들은
동네 초등학교로 대피했습니다
그것도 모르고 보자기에
책을 싸서 허리에 두르고
등교길에 나선 저는,
무섭게 으르렁거리는 시냇물 앞에서
망연자실했습니다
어느 샌가 나타난 반딧불 소년,

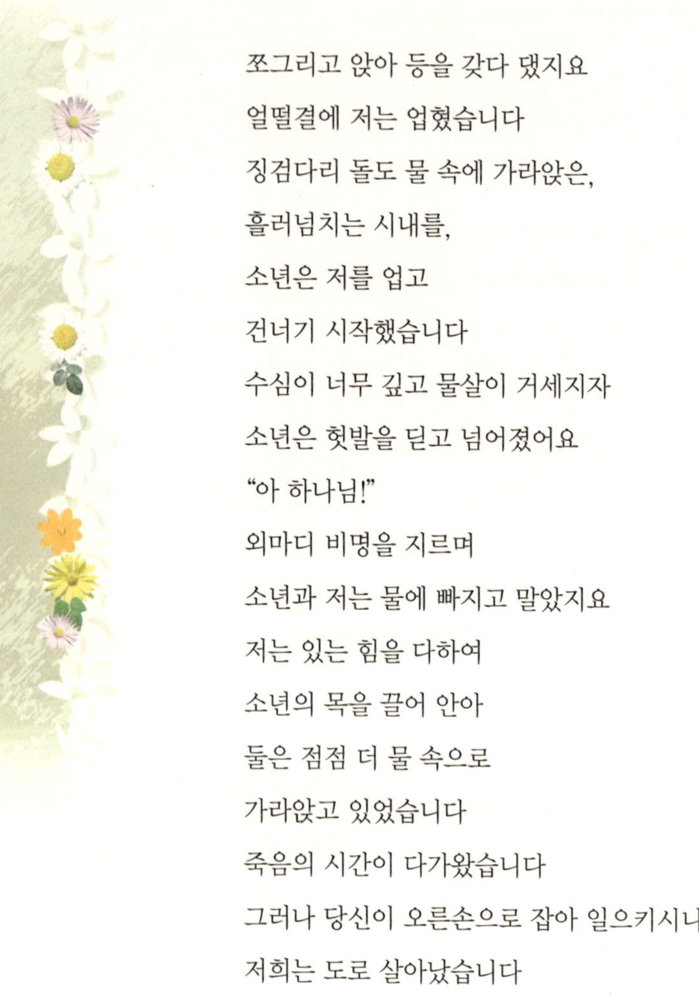

쪼그리고 앉아 등을 갖다 댔지요
얼떨결에 저는 업혔습니다
징검다리 돌도 물 속에 가라앉은,
흘러넘치는 시내를,
소년은 저를 업고
건너기 시작했습니다
수심이 너무 깊고 물살이 거세지자
소년은 헛발을 딛고 넘어졌어요
"아 하나님!"
외마디 비명을 지르며
소년과 저는 물에 빠지고 말았지요
저는 있는 힘을 다하여
소년의 목을 끌어 안아
둘은 점점 더 물 속으로
가라앉고 있었습니다
죽음의 시간이 다가왔습니다
그러나 당신이 오른손으로 잡아 일으키시니
저희는 도로 살아났습니다
감사하옵고 감사합니다

내 주 하나님,

소년이 당신 손에 매달려 간신히 일어섰고

당신은 급류 속에서도 건져 내셨습니다

얼마나 시간이 흘렀을까요?

소년은 저를 업은 채

마침내 시내를 건넜습니다

저를 땅에 내려놓자마자

물을 많이 들이켜서인지

그는 이내 쓰러져 버렸습니다

마침 건넛마을 사람들이 달려와

그를 병원으로 옮겼고,

전 울며불며

그들의 뒤를 따라갔지요

그러나 잠시 뒤를 돌아다본 순간,

깜짝 놀랐습니다

제 흰 고무신 한 짝이

물 위에 둥둥 떠 있었습니다

그 고무신에 마음이 가 있었으나

소년의 생명이 염려되어

뒤를 돌아보며 돌아보며
절뚝거리며 걸었습니다

하나님,
당신은 결국 소년을 살리셨습니다
제 목숨 살려 준 그를 살려 주셨습니다
그 후 학교엔 이상한 소문이 퍼지고
그는 도시로 이사했습니다
소녀를 업어 나른 사건은

오래오래 시골사람들 입가에

오르내렸습니다

소년에게서 예수님을 본 날,

순수하고도 티 없는 사랑을

그에게서 받은 날,

흰 고무신 한 짝,

종이배 되어,

소년의 사랑을 싣고

어디론가 흘러갔습니다

그러나 오십 년이 훨씬 지난 오늘 밤,

제 마음에 반딧불 사랑으로

한 소년이 아련히 피어오릅니다   ✝아멘

♣ 주님이 어떤 분이시라는 것을,
지금까지는 제가 귀로만 들었습니다.
그러나 이제는 제가 제 눈으로
주님을 뵙습니다. (욥 42:1-6)

티끌과 잿더미 위에 앉아

하나님,
당신은 계획하시는 일을
무엇이든지 이루십니다
하시는 일은
안 되는 일이 없으십니다
당신을 뵙고 싶어하는
저희들의 소원을 들어 주소서
터무니없이, 알지도 못하면서,
당신을 안다고 허풍떠는
저희의 입을 막아 주소서
지금까지 전혀 알지도 못하면서

당신의 신비를 체험이나 한 듯,
너무 자주 지껄였습니다
남의 체험밖엔 가진 것이 없으면서도
당신의 뜻을 아는 척하며
제멋대로 말을 만들어
당신의 뜻을 가리운 죄를
용서해 주소서

하나님,
이웃이나 형제에 관해서도
알지도 못하면서
소문이나 신문, 그리고 잡지를 보고

마구 판단했습니다
눈으로 보지 않은 것은
확증을 거친 후에야
발설해야 함에도 불구하고,
양심없이 남의 이야기를
함부로 떠들어대며
책임없는 유언비어를 퍼뜨렸습니다
정확하지 못한 사실을
마구 떠들어댄 것을 용서해 주시고,
진실과는 왜곡된 사실을 유포시켜
남의 거짓에 맞장구친 것을
용서해 주소서
당신께서 물어 오시면
한 마디도 대답하지 못할 입장이면서,
떠벌이고 아는 척한
저희들을 용서해 주소서
오 두렵습니다, 하나님,
그 때 무슨 뜻으로 그렇게 말했는지
해명하라고 하실까 봐 두렵습니다

사람들이나 지식,
그리고 말할 것도 없이 당신에 관해서
속속들이 자세히 모르는 것은
말하지 않도록 도와 주소서

하나님,
이제는 말씀과 사건과 자연과 사람들을 통하여
당신을 뵙기를 원합니다
당신이 누구신지 알기를 원합니다
그동안 잘 아는 줄 알았던 착각을
허물어뜨려 주시고
체험 없는 관념의 하나님 틀을

부수게 해 주소서

당신의 부재와 침묵을 견디게 해 주시며,

당신에 대한 무지가 우상이 되었던 것을

모두 무너뜨려 주소서

그리하여 지금까지 잘못 듣고 잘못 보아서

당신에 대해서 잘 몰랐던 것을 뉘우치고,

당신이 누구신지 확실히 알아 가는

과정으로 이끌어 주소서

당신을 단지 귀로만 들었습니다

이제 이 눈으로 당신을 뵙고 체험하며

고백하고 싶습니다

제 말이 잘못되었음을 깨닫고

진정으로 회개하게 도와 주소서   † 아멘

♣ 그것은 성도들을 준비시켜, 봉사의
  일을 하게 하고, 그리스도의 몸을 세우게
하시려는 것입니다. (막 10:45, 엡 4:12)

생존의 가장자리에서

'오직 너만을 위하여' 사셨던 주님,

당신은 우리의 주님이시지만

주인으로 사시지 않고 종으로 사셨습니다

섬김을 받으려 하시지 않고

섬기려고만 하셨습니다

어느 한 순간도 당신 자신만을 위하여

안일을 유보해 두시지 않으셨습니다

당신은 단 하루도

안전지대에 머무시지 않았습니다

평안한 발판을

확보하시지 않았습니다

당신을 따른답시고
가족과 직업과 고향을 버린 제자들이었지만
당신이 누구신지 몰라
당신의 말씀을 듣고도 기쁨을 못 누렸고,
일껏 당신을 따라나섰다가도
당신의 자기부인의 삶을 보고는
질겁을 하여 물러갔기에,
당신은 언제나
소외와 철저한 몰이해 속에
감금되셔야만 했습니다

늘 고독 속에 머물러 계셨던 주님,
아무도 당신의 삶을 이해하기는 커녕
사랑하지도 않았습니다
그러나 당신은
당신의 생명을 저희들의 몸값으로
온전히 내놓으시면서
결코 후회하지 않으셨습니다
전적인 봉사의 삶,

적극적인 희생의 삶을
시종일관 영위하셨던
당신의 실존양식을 본받고 싶습니다

사랑하올 주님,
저희는 오직 자신과,
고작해야 직계가족을 위해서
시간과 물질을 내놓으며,
피곤해 하고 힘겨워 하고
불평을 토로합니다
도움의 손길을 바라고
대우 받기를 좋아하며
생존의 가장자리를
맴돌고 있습니다
나 자신만 바라보며
나 하나만을 향한 삶 속에서
허우적거립니다
주님,
부끄러운 이 죄인들을

용서해 주시렵니까?

저 하나를 위하여
목숨을 내놓으신 주님,
당신은 모든 이를 위하여 죽으셨지만,
또한 저만을 위하여 죽으신 것입니다
당신의 삶은 오직
하나님 아버지를 위한
뜻을 이뤄드리기셨고,
죄인된 저희들을 구속하시고자 하는
목적을 성취하시기 위함이었습니다
당신은 위대한 생이 무엇인가
몸소 보여 주셨습니다
위대한 생은
다른 사람들을 위해 존재하며
그들을 위해 봉사하는 삶임을
가르쳐 주셨습니다
자기중심적으로 생명을 부여안고
나누지 못한다면,

그 생명은 이미 죽은 것이라고
일깨워 주셨습니다
이웃을 위해, 다른 사람들을 위해,
사랑하며 도와 주며 기도함으로써
당신을 닮은 생을 살게 해 주소서
행함이 있는 믿음을 준비시키셔서
당신의 몸을 세우고 자라게 하는 데
헌신하게 해 주소서
십자가를 지고 당신을 따르는 저희들은
무익한 종의 신분이지만,
저희에게 맡기신 소임을
열심히 감당하렵니다   ✝ 아멘

당신의 뜻이 이뤄지이다!

하늘에 계신 우리 아버지,

당신은 거기에 계시지만

여기에서도 우리의 아버지이십니다

사랑으로 감싸 주시고

눈물로 염려해 주시며

미소로 위로해 주시는 당신은,

다정다감한 아버지이십니다

하오나 저희는 아들 딸 자격 없어

아버지라 부르기도 송구스럽습니다

아버지가 아버지 되시도록

그리하여 자녀가 자녀될 수 있는

은총을 내려 주옵소서

이 땅에 현존하시는 우리 아버지,
당신은 여기 우리와 함께 계시며
훗날 거기에서도 모실 아버지이십니다
당신의 이름만 믿으면
영광에 참여케 하시고,
당신의 뜻대로 살면
하늘나라를 미리 맛보게 하시며,
형제들과 화목하게 지내면
무한한 복을 주시는 당신은,
기룩하신 우리의 아버지이십니다
하오나 저희는 욕심을 버리지 못하고

이미 와 있는 하늘나라를
차지하지 못하여 괴로워하오니,
당신의 뜻에 순종하는 자들로
당신 앞에 엎드리게 해 주옵소서

감사하옵는 아버지,
문제는 저희가 인사로 여쭙는
기도에 있습니다
기도를 할 줄 몰라서
당신을 너무 자주 슬프시게 해 드립니다
당신을 부를 때뿐,
한 문장만 말씀드리고 나면
기도의 대상이 누군지
까마득하게 잊어버립니다
영광과 존귀를 돌려드리는 순간마저도,
감사의 대상이신 당신을
확실하게 인식하지 못합니다
허공에 대고 푸념만 늘어 놓습니다
그러다보니 기도를 드리는 저희 자신도

누군지 모르게 됩니다
준비도 없고 내용도 부실하며
호칭 하나도 통일해 부르지 못하는
기도를 마다하지 않으시고
지금까지 들어 주심을 감사드립니다

당신의 뜻을 이루기를 바라시는 아버지,
당신께서는 당신의 뜻대로 다스려지는 나라를
궁극적 목표로 삼고 계십니다
그러나 저희는,
기도의 본질인 하나님나라의 성취에서
너무 빗어나 있습니다
당신의 뜻 안에서 청원하지 못하고,
저희의 욕심대로 졸라대기만 합니다
인간적인 뜻대로 아뢰고 있습니다
참을성 많으신 아버지,
오직 당신의 뜻대로만 이뤄지이다!   † 아멘

♣ 사람마다 자기 포도나무와 무화과나무 아래 앉아서, 평화롭게 살 것이다. (미 4:1-5)

그 날이 오면

사랑의 하나님,

당신 사랑의 위대하심과 무한하심을 찬양합니다

죄악으로 인하여 당신께 등 돌리고 살던 저희에게

평화 자체이신 아드님을 선물로 주셔서

십자가의 피로 죄사함 받고

비로소 당신과 화해하게 하셨고,

원수되었던 요소를 없애 주셨습니다

평화의 기쁜 소식을 듣고

당신 앞으로 가까이 나아오도록

성령의 인도를 받게 해 주심을

감사드립니다

정의의 하나님,
정의의 열매가 평화라고 가르쳐 주시는 하나님,
당신의 거룩하신 뜻과 정의가 실현되며,
당신과의 이 세상 사이의 분열,
민족 상호간의 분열을
통합시켜 일치를 이루게 해 주시옵소서
저희가 소유한 전체성이
평화임을 믿사오니,
깨지거나 갈라지지 않고
흠이 없는 완전한 상태,
기울지 않고 모나지 않은
충만한 상태인 샬롬을
누리게 해 주시옵소서

일치의 하나님,
종말론적 평화인
당신의 평화에 가 닿을 때까지
용기를 잃지 않고
평화를 위해 일하고 싶습니다

먼저 저희 존재내면에 도사리고 있는
반평화적 요소들 – 증오, 분노, 울분,
불만, 폭력지향적 경향,
거짓, 불신, 적대감을 뽑아내 주시옵소서
평화를 구호로 외치는 것이 아니라,
평화를 만드는 일에
참여하게 해 주시옵소서

그 날이 오면,
성자 하나님,
저희가 결코 빼앗기지 않을
당신의 평화가 오리라 믿습니다
그 날이 오면,

성부 하나님,
당신의 평화가 이루어지고
당신의 목적이 역사에 나타나며
당신의 영광만이 찬란하게
온 우주를 비추리라 믿습니다
아, 그 날이 오면,
성령 하나님,
저희 모두 당신이 맺어 주시는 열매인
평화를 한 아름 안고
시온산으로 물밀듯 올라가
삼위 하나님의 이름을 부르며,
눈물 없는 삶을 살리라 믿습니다

하나님 아버지,
그 날이 오기 전,
여기에서도 당신만을 섬기며
궁극적 선인 평화를 누리게 해 주시옵소서
가장 큰 고통 속에서도
평화를 외치게 해 주시옵소서

가장 혹독한 시련중에도

평화의 미소를 짓게 해 주시옵소서

극도의 슬픔 가운데서도

평화의 언어를 말하게 하옵시며

참담한 불행중에도

평화를 노래하게 해 주시옵소서

당신의 평화와 정의와 사랑이

지금 여기에서부터

씨앗으로 심겨지게 해 주시옵소서   † 아멘

♣ 나의 길을 내가 지켜서, 내 혀로는 죄를 짓지 말아야지. 악한 자가 내 앞에 있는 동안에는, 나의 입에 재갈을 물려야지. (시 39:1-4)

입에 재갈을 물려야지

하나님 아버지,
문득 옛 여인들의
시집살이 삼대 원리가 기억납니다
"삼 년 벙어리, 삼 년 귀머거리,
그리고 삼 년 장님이 되라."
말대답 안 하고
쓸데없는 잡담 안 하며
고자질, 이간질, 참견,
거짓말, 거친 말, 험담 삼가다 보면,
웬만한 어려움이 다 가버리죠
듣고도 못 들은 척,

들어서는 안 될 것 듣지 않고
남의 비난, 비밀 듣지 않으면,
가족과 충돌할 일 피하게 되죠
못 볼 것 보지 않고,
단점과 실수, 약점 보지 않고
화내는 얼굴, 찡그린 얼굴 피하다 보면,
어느 새 9년이 흘러
못 참을 것이 없어진다는 거죠
이것을 인생살이에도 적용하며
살고 싶습니다

아버지 하나님,
그런데 청력이 예민하면서도
귀머거리 노릇하는 것은 고역입니다
눈이 밝은데 장님되는 것,
여간 힘들지 않습니다
사리가 분명한데 벙어리 되려면
냉가슴을 앓습니다
말에 오해가 생길 때
서로 변명하다 보면
오해가 눈덩이처럼 불어나
차라리 입을 다물고 있습니다
억울한 경우를 당해도
결코 입을 열지 않으며
극비에 붙여야 하는 상담 내용,
약속이 되어 있는 비밀 또한
폭로하지 않고 있을 때,
궁지에 몰리면
입술이 바싹 타 붙습니다
침묵하면 거짓말쟁이로 몰립니다

그러나 당신은 아십니다
전 육십 평생
말하지 말라는 비밀 이야기는
누설한 적 없습니다
진실하지 못한 사람의
누명을 쓰는 한이 있어도,
신의를 지켜 왔습니다

아버지,
하오나 나이 먹으면서
정의감이 없어지는 것 같아,
부끄럽기 그지없습니다
직언하는 용기도 약화되고
죽을 사람 살리려는
조언의 열정도 식어갑니다
악역 배우노릇도
이제는 그만두고 싶습니다
누이 좋고 매부 좋고 라며,
정면으로 악을 돌파하는

정직과 대담성을 잃어갑니다

아버지,
그러나 비겁한 노년은 싫습니다
여전히 할 말 소신껏 하고
양다리 걸치지 않고 노선을
분명히 밝히고 싶습니다
무엇보다 고양이 목에 방울 다는 일을
진정한 사랑의 동기에서 해내고 싶습니다

아버지,
싫은 것을 좋다고 말하고
좋은 것을 싫다고 말하는
거짓을 원하지 않습니다
진실을 숨기지 않으렵니다
여전히 해서는 안 될 말과
할 말을 가려 내어,
입에 재갈을 물리겠습니다
속이 터져 나갈 만큼 수세에 몰려도,

비인격적 대우를 받는다 해도,

절대로 입을 열지 않을 것입니다

차라리 당신께 아뢰며

저의 속마음을 털어 놓겠습니다

만일 아픔으로 쓰라려

입을 열려고 한다면,

당신께서 제 입에

영원히 벙어리가 될 만한

큰 재갈을 물려 주십시오

아니면 제 혀를 잘라 주십시오   † 아멘

♣ 주님께만, 오직 주님께만, 나는 죄를
지었습니다. 주님의 눈 앞에서, 내가 악한
짓을 저질렀으니, 주님의 판결은 옳으시며
주님의 심판은 정당합니다. (시 51:1-9)

진정한 회개에 이르러

하나님, 선하신 분이시여,

당신의 선을 바라보오며

저의 악을 바라봅니다

이토록 선하신 뷰 앞에서

제가 악을 저지르다니요!

울고 또 웁니다

어지신 하나님,

당신의 사랑을 바라보며

용서받아야 할 저를 바라봅니다

벌을 받을 수밖에 없는 저이지만

당신의 사랑에 힘입어 용서를 청합니다

자비로우신 하나님,
당신의 자비를 바라보며
저의 가련함을 바라봅니다
저를 불쌍히 여기셔서
제 죄를 없애 주소서

용서해 주시는 하나님,
죄 중에 태어난 저는 누구입니까?
제 죄를 바라보며 고개 숙입니다
제 죄를 인정하며 고백합니다
당신께서 용서하시지 않으면
죄사함 받을 수 없다는 것을
알고 있습니다
제 죄악을 말끔히 씻어 주시고
제 죄를 깨끗이 없애 주십시오
저는 제 죄의 치명성을 인식하고 있습니다
제 죄의 심각성을 알고 있습니다
당신 눈에 거스르는 죄를 지은
중죄인임을 알고 있습니다

하나님,
사죄의 은총을 내려 주옵소서

하나님,
당신 면전에서 지은 죄를 고백합니다
당신의 뜻을 거역한 죄를 고백합니다
당신과의 관계가 버스러진 것을 통회합니다
제 죄의 뿌리로 들어갑니다
원죄, 조상의 죄,
온갖 죄의 동기를 캐내고 있습니다
제 죄의 환경을 아뢰옵니다
죄의 뿌리를 뽑아 내게 해 주소서
어리석음을 키운 죄의 온상을
파헤쳐 없애 주옵소서

죄를 사하여 주시는 하나님,
저를 씻어 주옵소서
우슬초로 정결케 해 주옵소서
당신의 눈을 저의 죄에서 돌리시고

허물을 없애 주옵소서

사함 받은 기쁨이 돌아오기를 바라오니,

뼈가 꺾여질 정도로

통회하게 해 주옵소서   † 아멘

♣ 아, 하나님, 내 속에 깨끗한 마음을
　새로 지어 주시고 내 안에 정직한
새 영을 넣어 주십시오. (시 51:10-13)

꺾여진 뼈들의 춤

창조주 하나님 아버지,
당신의 모상대로 저희를 지으신 후
'보니 좋더라' 고 말씀하셨습니까?
지어 주신 대로 깨끗함을 간직하지 못하고
계속해서 죄로 더러워지고 얼룩진 저희를
아직도 사랑하십니까?
예, 당신은 여전히 죄를 짓는 저희를
극진히 사랑하고 계십니다
구원의 기쁨을 돌려 주시기 위해서
어서 당신께로 돌아서기를 바라시며,
회개하는 마음을 불어 넣어 주십니다

오 하나님,
저희의 무딘 영을 깨우쳐 주셔서
깊은 죄를 통찰하게 하시고
당신 앞에 나아와 죄를 고백함으로써
죄사함 받는 은총을 허락해 주시옵소서

하나님 아버지,
당신은 순간마다 불순종하고
당신 앞을 떠나는 저희를
못본 체하지 않으시고
이름 불러 돌아오게 하십니다
옛 마음을 버리고 새 마음을 지니도록
당신께서 먼저 애원하십니다
다른 형제들도 죄의 길에서 떠나도록
당신의 길을 가르치기를 원하시오니,
먼저 저희 자신이 회개의 과정을 거치고
용서받은 후
다른 형제들에게 당신의 길을 가르쳐
새로운 사람으로 거듭날 수 있도록

도와 주는 작용인이 되게 해 주시옵소서

오 창조주 하나님,

깨끗한 마음을 새로 지어 주시고

거룩한 마음을 다시 지어 주소서

다시는 죄를 짓지 않겠다는 마음을 굳혀 주시고

정화된 마음에

꿋꿋한 뜻을 재건해 주시옵소서

당신 현존 안에 날마다 머물러

어떤 경우에도

당신 눈길을

벗어나지 않게 해 주시옵소서

구원받은 기쁨을 다시 찾은 후,

형제들과 함께

구원의 감격을

노래하며 춤추게 해 주시옵소서

당신께서 꺾으신 제 뼈들도

춤추고 노래하게 해 주시옵소서   †아멘

♣ 나의 형제자매 여러분, 여러분이 여러 가지 시험에 빠질 때에, 그것을 더할 나위 없는 기쁨으로 생각하십시오. (약 1:1-4)

이별은 더 큰 만남으로

아버지,

지나온 세월 돌이켜 보면

시련과 고난의 연속이었습니다

슬픔과 아픔의 질곡이었습니다

눈 깜빡할 사이에 시간이 흘렀습니다

지루할 새가 없었습니다

게으름 피울 여유도 없었습니다

시련의 굽이굽이마다

당신이 말씀해 주신 뜻,

일일이 밑줄 그어 주신 교훈이

두드러지게 새겨집니다

아, 그렇습니다
저를 저 되게 한 그 숱한 고통들,
그것은 다시 없는 기쁨이었습니다
무릎꿇고 감사드립니다

아버지,
걸어온 인생길 뒤돌아보면
이별과 상실의 흔적 자욱합니다
흐느낌과 번민의 고랑 우묵합니다
그러나 거듭되는 시련의 공습 후

비참을 초연하게 직시하게 되었습니다
불행을 행복의 초석으로 여기고 있습니다
이별은 더 큰 만남으로 승화되었고
눈물은 웃음으로 건너갔습니다
당신께 더 가까이 다가갔고
당신 나라를 열망하게 되었습니다
아, 그렇습니다
저를 저되게 한 많고 많은 고통들,
그것들은 더할 나위 없는
기쁨이었습니다
찬양하며 영광을 드립니다   †아멘